Johanna K. Wittmann

Gott ist hinten

vorne ist die Sonne, das Gras, die Steine

Nach einer Idee von Gerda Landsrath

Ein Atlantis Kinderbuch im
Verlag Pro Juventute

So sehe ich Gott. *Lisa*

«Heute gibt es Gott überhaupt nicht!» platzt Tobias heraus, als er in Katharinas Haus stürmt.
«Ach, ist heute so ein Tag?» Katharina sieht von ihrem Buch hoch.
«Ist etwas passiert?»
Und ob. Tobias hatte Streit mit Mama. Er wollte fernsehen und durfte nicht.

Als Tobias zwei Jahre alt war, war alles noch ganz einfach.
«Ich werde einmal ein Mann oder eine Frau», hatte er gesagt.
Ebenso klar war, Gott kann eine Frau sein oder ein Mann.

Mit vier Jahren besuchte Tobias eine Kirche.
Er guckte sich alles genau an. Die Bilder vorne an dem hohen Tisch und den Mann am Kreuz.
«Gott muß doch ein Mann sein», meinte er damals erstaunt.
«Was weißt du vom Gott, Katharina?»

Katharina zündet ein paar Räucherstäbchen an, und das Zimmer duftet bald nach Zimt und Orangen. Dann wühlt sie in einer großen Kiste und zieht ein Buch hervor.
«Hmm, nimm das. Da sind viele Bilder von Gott drin, von Kindern gemalt. Manchmal schreiben sie auch, was sie dazu denken. Ein bißchen lesen kannst du ja schon.»
«Ein bißchen? Ich kann schon hunderttausend Wörter lesen.»
Tobias ist empört.
«Oh, ja. Das wird ausreichen.»
Tobias beginnt zu lesen.

Johanna K. Wittmann

Gott ist hinten

vorne ist die Sonne, das Gras, die Steine

Ein Atlantis Kinderbuch im
Verlag Pro Juventute

Es gibt drei Herrgötter. *Marie*

«*Gott ist hinten, vorne ist die Sonne, das Gras, die Steine*. So ein Quatsch! Oben ist er vielleicht, doch nicht hinten.»
Er liest weiter. Tobias schüttelt den Kopf. «Gibt es drei Herrgötter?»
Katharina kommt näher und sieht sich das Bild auch an. «Der mit dem roten Bauch, das könnte *Brahma* sein, der hat alles geschaffen. Der Gelbe, das ist vielleicht *Vishnu*, der paßt gut auf alles auf. Und der in der Mitte, das muß dann *Shiva* sein. Der Gott, der zerstört, aber auch Neues entstehen läßt. Meistens wird *Shiva* ganz schwarz gemalt.»
Katharina geht zu dem großen Globus, der auch leuchten kann, und dreht ihn auf die Seite, auf der fast nur Wasser ist. «Guck mal, hier wohnen Menschen, die an *Brahma*, *Vishnu* und *Shiva* glauben.»
Ihr Finger zeigt auf eine kleine Insel. «Die Insel heißt Bali.» Wieder dreht sie den Globus und zeigt diesmal auf ein großes Land. «Auch hier in Indien sind die drei Götter zu Hause. Diese drei und noch viele andere Göttinnen und Götter.»
«Mehr als drei?» Tobias staunt, und Katharina nickt.
«Weißt du, Katharina, bei der Taufe von Pascal hat der Pfarrer gesagt: Ich taufe dich im Namen des Vaters und des Sohnes und der heiligen sieben Geißlein.»
Katharina lacht. «Wirklich?» «Ja, wirklich wahr, das hat der Alexander erzählt.»
«Das ist aber schön, daß die sieben Geißlein auch dabei waren», Katharina lacht immer noch. – Tobias blättert weiter.

«Schau, da hat eine kleine Katharina dich große Katharina gemalt!» ruft Tobias.
«Oh, schön», freut sich Katharina, «leider habe ich nicht so tolle grüne Augen.»
«*Gott ist ein Mädchen*, das sagt die doch nur, weil sie selbst ein Mädchen ist. Ein Gottmädchen! Das gibt es doch gar nicht!»
«Doch, das gibt es schon», meint Katharina, «*Persephone* zum Beispiel.»
«Wer ist denn das schon wieder?»
«Na eben ein Gottmädchen. Es gibt sogar eine Geschichte von ihr: *Persephone* wurde von einem Gott entführt. In die untere Welt, wie die Menschen sagten. Als sie verschwunden war, da verdorrte alles auf der Erde. Nichts, aber auch gar nichts wuchs mehr.
Ihre Mutter suchte sie. Und als sie sie dann endlich gefunden hatte und mit in die obere Welt nahm, wuchsen die Pflanzen wieder, und es gab Getreide und Brot. Und immer dann, wenn es regnete und alles blühte und prächtige Früchte trug, riefen die Menschen: *Persephone ist wieder da!*
Und sie feierten ein großes Fest.»
Einen Moment bleibt es ganz still. Dann fragt Tobias: «Gibt es denn auch einen Gottjungen?»
«Ich glaube schon. Du kennst auch einen.»
Tobias überlegt. «Klar, Weihnachten, dann ist Jesus ein Gottjunge! Oder? Muß er doch!»
«Ja, bestimmt», nickt Katharina.

Der liebe Gott ist ein Mädchen. Er wohnt im Himmel.
Viele bunte Vögel fliegen um ihn herum. *Katharina*

Gott ist ein Mann. *Florian*

«*Gott ist ein Mann*», steht unter dem Bild.
«Also doch», murmelt Tobias und schaut auf die andere Seite.

Gott fliegt im Blauen. *Sandra*

Gott sieht aus wie ein rundes Ei, läßt Blumen wachsen, Sonne scheinen und sorgt für Regen. *Sarah*

Gott sieht man nicht, aber seine Farben sieht man, und spüren kann man Gott
wie den Wind und die Wärme der Sonne. *Sabrina*

Gott ist das Licht. *Stéphanie*

Gott hat viele Ideen. *Mélanie*

Wenn Gott erscheint, ist alles hell. *Steffen*

Allah ist groß und der Einzige, und Mohammed ist sein Prophet. *Achmed*

«Was ist das denn? Kein Bild?» Tobias buchstabiert: «Allah ist groß und der Einzige, und Mohammed ist sein Prophet.»
«Wie sieht der Allah denn aus? Warum hat Achmed kein Bild gemalt?» Tobias ist ganz aufgeregt.
«Die Menschen, die ihren Gott Allah nennen, und auch jüdische Menschen, malen keine Bilder von ihm», antwortet Katharina, «sie glauben, daß er so groß, so heilig und so erhaben ist, daß es ganz unmöglich ist, ihn in einem Bild darzustellen. Immer würde etwas fehlen.
Sie meinen, du könntest noch so viele Bilder von Allah malen und würdest doch immer nur ein bißchen was von ihm zeigen können.»
Es ist ganz still im Zimmer. Tobias denkt nach: «Gott ist das Licht, läßt die Sonne scheinen und die Blumen wachsen. Im Wind und in der Wärme und in den Farben ist Gott. Und er ist ein leeres Blatt Papier. Ganz schön viel.»

Der Große Geist wohnt in allem Runden. *Scott*

«In allem Runden? War da nicht noch was mit einem Ei? Vielleicht ist Gott auch in den Ostereiern, ha?» fragt Tobias nach einer Weile.

«Könnte schon sein», antwortet Katharina. «Jedenfalls habe ich schon Menschen getroffen, die so ein Ei für etwas ganz Besonderes hielten.»

«Wohnen die auch wieder so weit weg?»

«Nein, nein», antwortet Katharina schnell. «Diese Menschen gibt es überall. Ein Ei ist so etwas wie ein sehr wertvolles Geschenk für sie. Weil, wie durch ein Wunder, Küken oder kleine Vögel ausschlüpfen, wenn die Eier ausgebrütet werden. Das ist auch wirklich etwas Wundervolles, oder?»

Tobias nickt und Katharina guckt mit großen Augen, so, als könnte sie durch die Wand sehen.

Und dann beginnt sie zu erzählen: «Vor langer, langer Zeit wohnten hier bei uns Menschen, die hatten eine Göttin...»

«Eine Gott-Frau meinst du?» unterbricht sie Tobias.

«Ja, eine Gott-Frau. Die hieß *Ostara*. Und die hatte als Erkennungszeichen ein Ei bei sich. Die Menschen damals glaubten, *Ostara* sorge dafür, daß die Tiere im Frühling Junge kriegen.»

«Und woher weiß Sarah das mit dem Ei und Gott?» fragt Tobias.

«Vielleicht hat sie es geträumt», sagt Katharina und wühlt wieder in ihrer Kiste.

«Geträumt, meinst du!»

Katharina holt eine kleine Figur aus der Kiste und zeigt sie Tobias.
«Ist das wohl auch eine Mutter?»
«Es ist eine Frau. Siehst du, sie hält in jeder Hand eine Schlange.»
«Die hat sicher keine Angst vor Schlangen», Tobias sieht ihr das sofort an.
«Nein. Sie nicht vor den Schlangen und die Schlangen nicht vor ihr. Sie sind miteinander vertraut. Sie ist eine Gott-Frau.»
«Mit den Schlangen kann sie anderen aber schon angst machen, oder?»
«Das kann schon sein», antwortet Katharina, und sie schmunzelt etwas, als sie Tobias ängstlichen Blick sieht.

Gott mit seiner Mutter. *Christina*

Tobias blättert noch einmal zurück; «Gott mit seiner Mutter». Plötzlich fragt er: «Du, sag mal, Katharina, wer ist dann eigentlich der Vater vom Jesus? Der Josef oder der Gott?»

«Puh, Tobias, das ist schwer, da gibt es nämlich unterschiedliche Meinungen. Die einen sagen, Gott ist es, die anderen, Josef ist es. Also ich denke mal, der Josef ist der Papa vom Jesus, und der Gott ist der Opa. So glaube ich das.»

«Und der Mohammed ist dann der Sohn vom Allah, stimmt doch, Katharina?»

«Nein, er ist nicht der Sohn, aber der Prophet Allahs», antwortet Katharina. «Es wird erzählt, Allah habe Mohammed wissen lassen, was den Menschen erlaubt und was ihnen verboten ist. Dieses Gesetz hat auch den Namen *Der Weg zum Wasser*, weil es so wichtig für die Menschen ist, wie Wasser in der Wüste.»

«Bestimmt hat Allah dem Mohammed den Weg zum Wasser auch im Traum bekanntgegeben», meint Tobias.

«Ja, vielleicht war es eine Traumreise. Davon gibt es auch eine Geschichte, die erzählt, daß Mohammed in den Himmel gefahren ist und das Gesetz von Allah zurückgebracht hat.»

«Jesus ist auch in den Himmel gefahren», fällt Tobias ein.

«So wird es erzählt: Er wurde aufgenommen vom unendlichen Blau des Himmels.»

Gott fliegt in den Himmel mit starkem Wind. *Steffen*

Buddha lächelt, weil ihm das Essen geschmeckt hat, und weil er gern lebt. *Indira*

«Schau, Katharina, da ist noch einer. Buddha. Wer ist denn das? Ein Gott für die Dicken?»
«Ein Gott ist er nicht. Ein Vorbild ist er, und auch nicht nur für die Dicken. Von ihm können die Menschen lernen, was sie tun und lassen sollen, damit sie ein gutes Leben führen. Buddha war ein Prinz. Er hieß Siddharta Gautama. Und er sagte zum Beispiel, daß es nicht gut ist, anderen Gewalt anzutun, auch nicht den Pflanzen und den Tieren.»
«Das ist aber schwer», gibt Tobias zu bedenken.
«Ja. Die Menschen spürten aber, daß das gut war, was Gautama ihnen sagte.

Da nannten sie ihn Buddha, den Erleuchteten, dem sozusagen ein Licht aufgegangen ist.
Er hat auch gesagt: Buddha sei in allen Menschen. Besonders Kinder könnten das spüren; Buddha in sich und in den Pflanzen und in den Tieren.»
«Dann gibt es in uns allen so ein Licht. Nur anknipsen müssen wir es, stimmt's Katharina?» Katharina nickt und Tobias murmelt vor sich hin: «Bestimmt hat Gautama Buddha auch viel geträumt, vom Licht und so. Und dann hat er es weitererzählt.»

Der liebe Gott ist dick. *Marc-René*

Gott wohnt im Himmel und hat viele Menschen, die gestorben sind, bei sich. *Florian*

«Du, Katharina, das mit dem Himmel, das haben die Gotts den Menschen bestimmt auch träumen lassen.»
«Das ist gut möglich», stimmt Katharina zu.
«Aber man ist nicht gleich im Himmel, wenn man gestorben ist.»
«Nicht?» fragt Katharina nach.
«Nein, da ist man nämlich noch nicht ganz tot.»
«So?» staunt Katharina.
«Ja, dann wird man erst ein Skelett. Und dann ein Tier. Dann eine Pflanze, ein Gras oder eine Blume. Und dann Erde. Dann ist man richtig tot.
Ja und dann geht alles vielleicht noch einmal ganz von vorne los. Aber ganz anders, als *Drachen*, glaube ich.»
Katharina kommt aus dem Staunen gar nicht mehr heraus.
«Mm, und was macht Gott dazwischen?»
«Na, der macht, daß es kaputtgeht und wieder was Neues anfängt. Das ist der Schwarze, von dem du mir erzählt hast.»
«*Shiva*?»
«Ja, der!»
«Und der Rote macht da auch mit. – Rot gefällt mir. Rot ist stark.»

Gott ist rot, weil mir rot so gut gefällt. *Max*

«Ich finde rot auch gut», wirft Katharina ein, und da fällt mir Pfingsten ein. Pfingsten ist rot.»
«Was ist Pfingsten denn?» fragt Tobias neugierig.
«Pfingsten ist ein Fest. Es wird fünfzig Tage nach Ostern gefeiert.»
«Du meinst, fünfmal bis zehn gezählt?»
«Ja.»
«Und das ist rot?»
«Das ist rot wie Feuer. So war Gott mal für einige Leute. Die hatten sich vor anderen versteckt, weil sie sich fürchteten.
Vor lauter Angst war ihre Zunge wie gelähmt. Sie brachten kein Wort mehr heraus.
Da brach ein Sturm los, der wehte die Fenster und Türen auf.
Und dann wurde es ganz rot und warm um sie.
Ihre Angst war wie weggepustet, und sie liefen aus dem Haus.
Sie redeten und lachten. Wie Feuerflammen sprudelten die Worte und Ideen aus ihnen heraus.
Als sie später so richtig merkten, was da mit ihnen geschehen war, sagten sie: Da ist Gott zu uns gekommen wie Wind und Feuer.»
«Glaubst du das auch, daß Gott-Männer und Gott-Frauen so stark sind, Katharina?»
«Ja, das glaube ich auch.»

«Ganz schön viel und geheimnisvoll, das mit den Gotts, Katharina! Ob Mama weiß, daß Gott an Ostern in den Ostereiern ist, und dann fünfmal bis zehn gezählt feuerrot wird. Und Gott drei ist und mehr..., ein Gott-Mann und eine Gott-Frau, sogar mit Schlangen, manchmal im Runden und im Blauen ist, innen drin das Licht anzünden kann und den Weg zum Wasser bekannt gibt...?
Ich erzähle ihr das alles, da wird sie staunen. Und dann darf ich bestimmt noch ein bißchen fernsehen!»
Tobias steht schnell auf und läuft hinaus. In der Tür dreht er sich noch einmal um: «Bald komm ich wieder, vielleicht finden wir noch mehr über die Gotts raus.» Dann ist er weg.
Die Tür steht einen Spalt offen, und das Buch liegt noch aufgeklappt auf dem Sessel. Die letzte Seite hat Tobias nicht mehr gesehen. Da könnte er sein Bild von Gott malen. Vielleicht bei seinem nächsten Besuch. Die Räucherstäbchen sind inzwischen niedergebrannt.

Dein Bild von Gott:

Die Bilder malten:	Delphine	– Kindergarten Réderching (Frankreich) (Titel)
	Sandra	– Kindergarten Peppenkum
	Lisa	– Kindergarten Gersheim
	Marie	– Kindergarten Réderching (Frankreich)
	Katharina	– Kindergarten Peppenkum
	Florian	– Kindergarten Peppenkum
	Sandra	– Kindergarten Peppenkum
	Sarah	– Kindergarten Peppenkum
	Sabrina	– Kindergarten Peppenkum
	Stéphanie	– Kindergarten Bettviller (Frankreich)
	Mélanie	– Kindergarten Bettviller (Frankreich)
	Steffen	– Kindergarten Gersheim
	Susan	– Kindergarten Peppenkum
	Christina	– Kindergarten Peppenkum
	Steffen	– Kindergarten Gersheim
	Julia	– Kindergarten Peppenkum
	Marc-René	– Kindergarten Gersheim
	Florian	– Kindergarten Peppenkum
	Max	– Kindergarten Peppenkum

Sowie Texte von Indira und Scott

Idee und Durchführung: Gerda Landsrath, Bettviller-Hölling (Frankreich)

Herausgeber: Helmut Jaekel, Modus Vivendi

ISBN 3 7152 0353 6
Gedruckt auf chlorfrei gebleichtem Papier